Houghton
Mifflin
Harcourt

Manual de escritura para los estándares comunes

GRADO
1

ISBN: 978-0-544-23113-9

4 5 6 7 8 9 10 0982 22 21 20 19 18 17 16 15

4500523728   A B C D E F G

Contenido

Contenido

Cómo usar este libro

Este manual te ayudará a escribir. Te dará ideas. También te ayudará a expresar tus ideas.

Primero, leerás sobre el proceso de escribir. Luego, practicarás la escritura. ¡Diviértete usando este libro!

Propósitos para escribir

Antes de escribir, piensa en la razón por la que escribes. A esto se le llama **propósito**.

● **Informar**

Informar es dar información. Es compartir lo que has aprendido sobre un tema.

● **Explicar**

Explicar significa decir cómo se hace algo y cómo funciona algo.

● **Narrar**

Narrar significa compartir un relato. Puede ser un suceso que ocurrió en realidad o algo inventado.

● **Persuadir**

Persuadir significa expresar tu opinión. Es dar razones para que otros estén de acuerdo contigo.

Entender la tarea, el público y el propósito (TPP)

Tu **público** es la persona o grupo para quien escribes. ¿Le estás escribiendo a un amigo o a un maestro?

Tu **tarea** es lo que escribes. ¿Quieres escribir un cuento o un informe?

El conjunto de tu tarea, tu público y tu propósito se puede llamar tu **TPP**.

? **Hazte estas preguntas.**

Tarea: ¿Qué estoy escribiendo?

Público: ¿Para quién estoy escribiendo?

Propósito: ¿Por qué estoy escribiendo?

El proceso de escritura

Después de pensar en tu TPP, usa estas cinco etapas para escribir.

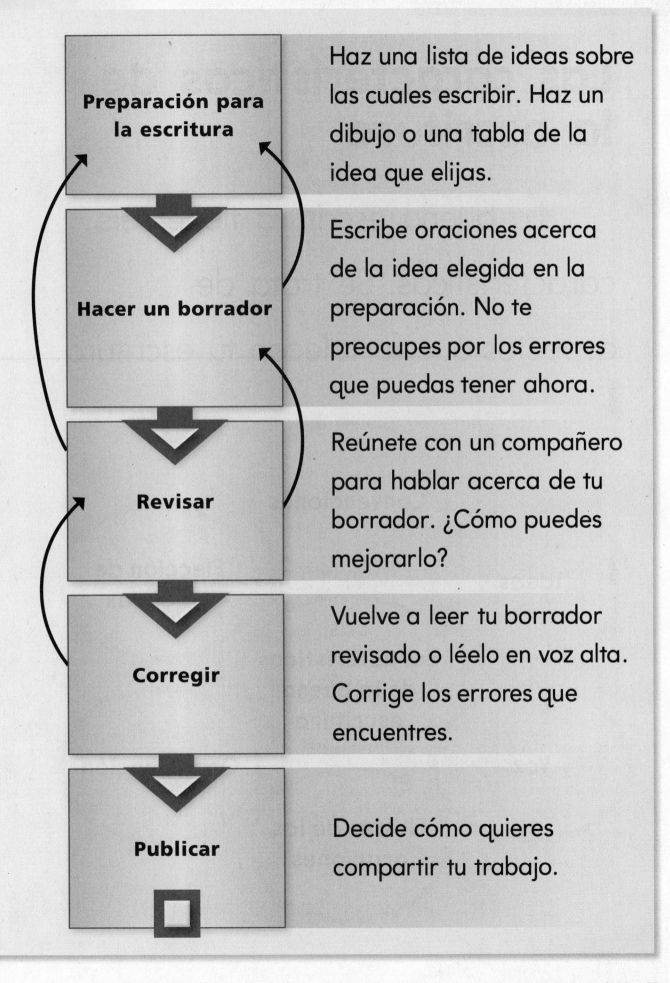

Preparación para la escritura

Haz una lista de ideas sobre las cuales escribir. Haz un dibujo o una tabla de la idea que elijas.

Hacer un borrador

Escribe oraciones acerca de la idea elegida en la preparación. No te preocupes por los errores que puedas tener ahora.

Revisar

Reúnete con un compañero para hablar acerca de tu borrador. ¿Cómo puedes mejorarlo?

Corregir

Vuelve a leer tu borrador revisado o léelo en voz alta. Corrige los errores que encuentres.

Publicar

Decide cómo quieres compartir tu trabajo.

Las características de la escritura

La buena escritura tiene seis características. Se trata de aspectos que fortalecen tu escritura.

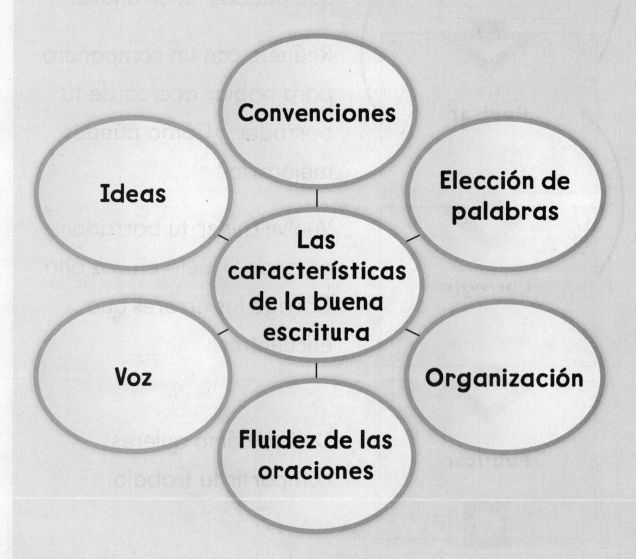

Convenciones

Elección de palabras

Ideas

Las características de la buena escritura

Voz

Organización

Fluidez de las oraciones

Lista de control de las características

Hazte estas preguntas a medida que practicas la escritura.

☑ **Ideas**	¿Tengo un buen tema?
☑ **Organización**	¿Mis palabras y mis oraciones están en un orden claro y lógico?
☑ **Voz**	¿Expreso mi propio interés en el tema?
☑ **Elección de palabras**	¿Elegí las palabras más adecuadas?
☑ **Fluidez de las oraciones**	¿Utilicé distintos tipos de oraciones?
☑ **Convenciones**	¿Mi ortografía, mi gramática, mi uso de las letras mayúsculas y mi puntuación son correctos?

Etiquetas

Una **etiqueta** nombra un objeto. Dice lo que es o cómo es.

Partes de una etiqueta

- Una etiqueta puede ser una sola palabra, como <u>silla</u> o <u>libro</u>.
- Una etiqueta puede ser más de una palabra, como <u>silla roja</u> o <u>libro grande</u>.

libro

estante

tapete

Sigue las instrucciones de tu maestro.

Juntos 1

_____

- -

_____

_____

- -

_____

_____

- -

_____

Tú 2 Haz un dibujo.

Rotula tres objetos del dibujo.

Pies de foto

Un **pie de foto** dice algo sobre una ilustración.

Partes de un pie de foto

- Algunas palabras o una oración sobre un dibujo
- Detalles de lo que muestra un dibujo

Este es un banco del parque.

Sigue las instrucciones de tu maestro.

1 La familia _____
_____
_____ .

2 Usa tu plan. Escribe un pie de foto. Puedes escribir acerca de un lugar para visitar con tu familia.

Oraciones

Una **oración** da información. Es un grupo de palabras que dice quién o qué hace algo.

Partes de una oración

- Una oración comienza con una letra mayúscula.
- Una oración termina con un signo de puntuación.

Jugamos afuera.

Juan y Ana corren rápido.

Paula anda en bicicleta.

Sigue las instrucciones de tu maestro.

1 La niña _____

_____

_____ .

2 El niño _____

_____

_____ .

3 Usa tu plan. Escribe una oración.
Cuenta lo que haces en la escuela.

Cuento de la clase

Un **cuento de la clase** es un cuento que escribimos todos juntos en la clase. Puede ser sobre algo que sucedió en realidad. Puede describir personas y cosas.

Partes de un cuento de la clase

- Sucesos que se cuentan con oraciones completas
- Oraciones que incluyen detalles interesantes

La excursión

Nuestra clase salió de excursión. Subimos una colina alta. Pudimos ver un lago enorme. Nos cansamos con la caminata. Pero nos divertimos mucho.

Nombre _____

Sigue las instrucciones de tu maestro.

1 Nuestra clase fue al mercado.

_____

Nosotros _____

_____

_____ .

_____

También _____

_____

_____ .

Nosotros _____ .

2 Piensa en un detalle que podrías agregar al cuento de la clase. Escribe una oración al respecto.

Cuento de la clase

Un **cuento de la clase** está escrito por los niños de la clase y el maestro.

✏ Partes de un cuento de la clase

- Oraciones que cuentan sucesos en orden cronológico
- Palabras que describen
- Un final para el relato

Nuestra clase fue de visita a una granja. **Primero**, vimos cinco vacas. **A continuación**, les dimos de comer a las gallinas. **Por último**, todos dimos un paseo en una carreta grande. Nos divertimos mucho en la granja.

Nombre _____

Sigue las instrucciones de tu maestro.

1 Nuestra clase fue al zoológico.

Primero, _____

_____

_____

Luego, _____

_____

_____

Después, _____

_____

_____

2 Piensa en otro suceso que podrías agregar al cuento de la clase. Escribe una oración al respecto.

Cuento de la clase • 23

Oraciones que describen

Las **oraciones que describen** funcionan juntas para expresar cómo se ve, suena, huele, sabe o se siente algo. Las palabras que describen se llaman adjetivos.

Partes de oraciones que describen

- Detalles que dicen cómo se ve, suena, huele, sabe o se siente algo
- Oraciones que se refieren a una sola cosa

El bosque

Las hojas son suaves y verdes.

Los árboles se sienten nudosos.

Escucho un fuerte zumbido.

El aire huele fresco.

Sigue las instrucciones de tu maestro.

1 Los edificios _____

_____

_____ .

Las calles _____

_____

_____ .

Las personas _____ .

2 Usa tu plan. Escribe oraciones que describan. Puedes describir un lugar que te gusta visitar.

Poesía

Un **poema** es un grupo de palabras combinadas de una manera especial. El poema puede ser sobre una cosa o un sentimiento.

Partes de un poema

- Palabras interesantes sobre un tema
- Algunas palabras que pueden rimar

El gato

Quisiera un día ver un gato

con manchas negras en la <u>nariz</u>.

Quisiera acariciar al gato

y escuchar su ronroneo <u>feliz</u>.

Nombre _____

Sigue las instrucciones de tu maestro.

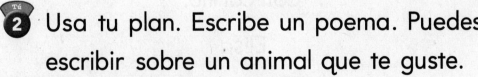 **1** Quisiera un día ver _____

_____

_____

_____

_____

Quisiera _____

_____

_____

_____

2 Usa tu plan. Escribe un poema. Puedes escribir sobre un animal que te guste.

Nota de agradecimiento

Una **nota de agradecimiento** es para dar las gracias a alguien por un favor o un regalo.

Partes de una nota de agradecimiento

- Fecha, saludo, cierre y tu nombre
- Una oración que diga por qué agradeces a esa persona
- Detalles que transmitan tus sentimientos

1 de marzo de 2013

Querido abuelo:

Gracias por la granja de hormigas. ¡Es un gran regalo! Me gusta ver cómo trabajan las hormigas. Están muy ocupadas.

Con cariño,

Elisa

Nombre _____

Sigue las instrucciones de tu maestro.

Juntos 1

_____

_____

Querido/a _____,

Gracias por _____.

Me gusta _____

_____

_____.

Tu amigo/a,

_____

Tú 2 Escribe una nota de agradecimiento a un amigo o a un miembro de tu familia.

Descripción: Preparación para la escritura

Una **descripción** puede decir cómo es algo. El autor ayuda al lector a formar la imagen de algo en su mente.

Partes de una descripción

- La oración temática dice de qué trata la descripción.
- Las oraciones que dan detalles usan adjetivos para indicar tamaño, forma, color o número.

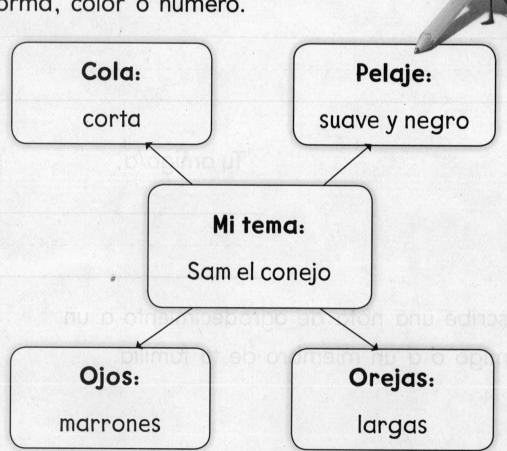

Cola:

corta

Pelaje:

suave y negro

Mi tema:

Sam el conejo

Ojos:

marrones

Orejas:

largas

Sigue las instrucciones de tu maestro.

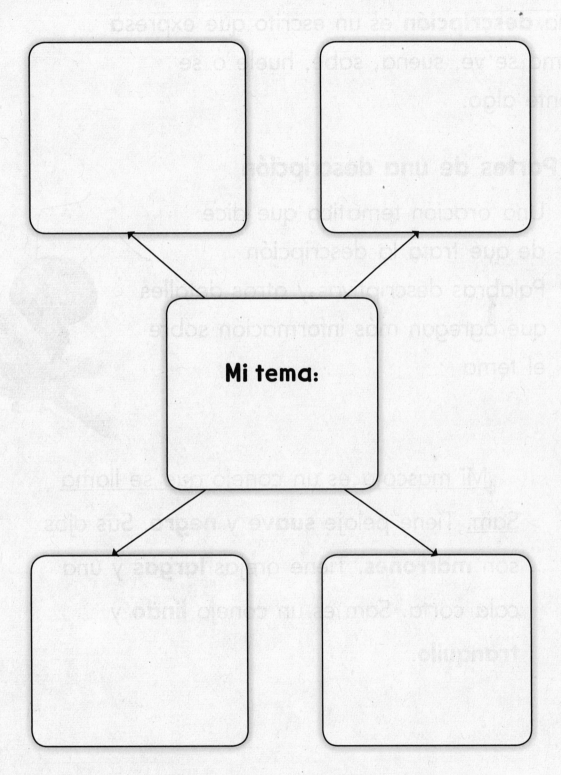

Mi tema:

2 Usa tu plan para escribir sobre tu animal preferido.

Descripción

Una **descripción** es un escrito que expresa cómo se ve, suena, sabe, huele o se siente algo.

Partes de una descripción

- Una oración temática que dice de qué trata la descripción
- Palabras descriptivas y otros detalles que agregan más información sobre el tema

Mi mascota es un conejo que se llama Sam. Tiene pelaje **suave** y **negro**. Sus ojos son **marrones**. Tiene orejas **largas** y una cola corta. Sam es un conejo **lindo** y **tranquilo**.

Sigue las instrucciones de tu maestro.

1 Mi animal favorito es

_____

- -

_____ .

Parece _____

_____

- -

_____ .

_____

- -

Es _____ .

_____

- -

Tiene _____

_____

- -

_____ .

2 Usa tu plan para escribir una descripción.
Si quieres, escribe sobre una mascota que
tienes o te gustaría tener.

Oraciones que informan

Las **oraciones que informan** funcionan juntas para expresar hechos o información que es verdadera. Los autores usan las oraciones que informan para compartir lo que saben.

Partes de las oraciones que informan

- Una oración temática que expresa de qué tratan todas las oraciones
- Oraciones de detalles que se refieren a hechos, no a opiniones
- Algunos detalles que describen cómo sucede algo

Las vacas

Las vacas son animales grandes que viven en granjas.

Caminan muy despacio.

Las vacas se quedan quietas en el pasto.

Agitan la cola rápidamente para espantar las moscas.

Sigue las instrucciones de tu maestro.

1 Un caballo _____

_____

_____.

Puede _____

_____

_____.

El caballo _____.

2 Usa tu plan. Escribe oraciones que informen. Puedes escribir sobre el animal que elegiste.

Instrucciones

Las **instrucciones** indican cómo hacer algo.

Partes de las instrucciones

- Cosas que necesitas
- Pasos a seguir en un orden dado
- Palabras de secuencia como primero y luego

Construir un tambor

Así es como se construye un tambor. **Primero**, consigue una lata vacía. **Luego**, cubre un extremo con papel. **Después**, coloca una liga alrededor de la lata y el papel. Por último, busca dos palillos y toca el tambor.

Sigue las instrucciones de tu maestro.

1 Así es como _____.

Primero, _____

_____.

Luego, _____

_____.

Por último, _____.

2 Escribe instrucciones. Explica a un amigo cómo hacer un proyecto de arte.

Oraciones que informan

Las **oraciones que informan** dan datos acerca del mundo. Los datos son cosas que son verdaderas.

Partes de las oraciones que informan

- Una oración temática expresa de qué tratan todas las oraciones.
- Las oraciones de detalles se refieren a hechos, no a opiniones.
- Todas las oraciones tratan sobre una sola idea principal.

Todo sobre los árboles

Los árboles son plantas enormes.

Las hojas crecen en los árboles.

Hay muchos árboles en el bosque.

Los pájaros hacen sus nidos en los árboles.

Sigue las instrucciones de tu maestro.

1 Los patos son _____

_____

_____.

Un pato puede _____

_____

_____.

Los patos _____.

2 Usa tu plan. Escribe oraciones que informen. Puedes escribir sobre una estación del año que te guste.

Informe: Preparación para la escritura

Un **informe** presenta datos sobre un tema. Cuando las personas escriben informes, pueden hallar los datos que necesitan en libros.

Partes de un informe

- La oración temática dice de qué trata el informe.
- Las oraciones que dan detalles presentan datos sobre el tema.
- Los autores hacen investigaciones para hallar datos sobre un tema.

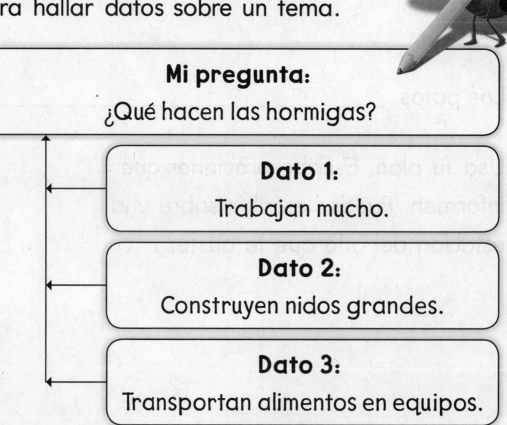

Mi pregunta:
¿Qué hacen las hormigas?

Dato 1:
Trabajan mucho.

Dato 2:
Construyen nidos grandes.

Dato 3:
Transportan alimentos en equipos.

Sigue las instrucciones de tu maestro.

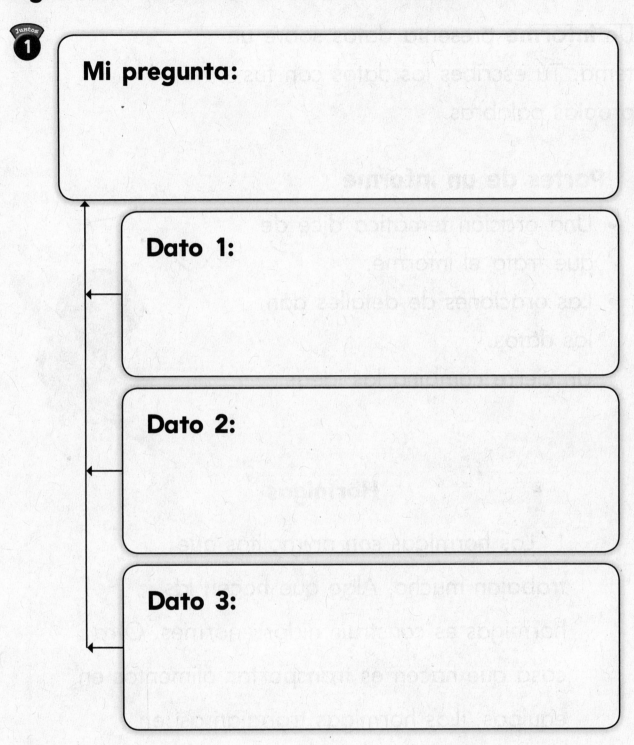

Juntos
1

Mi pregunta:

Dato 1:

Dato 2:

Dato 3:

Tú
2 Usa tu plan para escribir sobre un animal del que sepas.

Informe

Un **informe** presenta datos sobre un tema. Tú escribes los datos con tus propias palabras.

Partes de un informe

- Una oración temática dice de qué trata el informe.
- Las oraciones de detalles dan los datos.
- Un cierre combina las ideas.

Hormigas

Las hormigas son animalitos que trabajan mucho. Algo que hacen las hormigas es construir nidos enormes. Otra cosa que hacen es transportar alimentos en equipos. ¡Las hormigas trabajan así en todas partes del mundo!

Sigue las instrucciones de tu maestro.

1 _____
- -
_____ son animales

_____
- -
que _____.

_____
- -
Una cosa que _____

_____
- -
_____.

_____
- -
Otra cosa que _____

_____
- -
_____.

2 Usa tu plan. Escribe un informe. Escribe sobre un animal del que sepas.

Oraciones

Una **oración de relato personal** dice
algo verdadero sobre ti. Usa las palabras
yo, *me* o *mí*.

Partes de una oración de relato personal

- Una oración temática expresa la idea principal.
- Las oraciones de detalles cuentan lo que sucedió.
- Algunos detalles indican quién o qué hizo algo.

En el lago

Fui a nadar en el lago la semana pasada.

¡El agua estaba helada!

Mamá me cubrió con una toalla tibia cuando salí del agua.

Nombre _____

Sigue las instrucciones de tu maestro.

1 Fui a _____

_____

_____ .

Fue _____

_____

_____ .

Yo _____

_____

_____ .

2 Usa tu plan. Escribe oraciones de relato personal. Si quieres, escribe acerca de la naturaleza.

Oraciones

Una **oración de relato personal** dice algo verdadero que te sucedió a ti. Usa las palabras *yo*, *me*, *nosotros* o *nos*.

Partes de una oración de relato personal

- Una oración temática indica de qué tratarán todas las oraciones.
- Las oraciones de detalles cuentan los sucesos y el orden en que sucedieron.
- Los detalles pueden indicar dónde o cuándo sucedieron las cosas.

Mi primo

Ayer fui a la casa de mi primo.

Primero, hicimos un acto de títeres.

Después de eso, jugamos fútbol en el parque.

Sigue las instrucciones de tu maestro.

1 Mi familia _____

_____

_____ .

Primero, nosotros _____

_____

_____ .

Más tarde, _____ .

2 Usa tu plan. Escribe oraciones de relato
personal. Puedes escribir sobre algo que
te gusta hacer.

Carta amistosa

Escribimos **cartas amistosas** a otras personas.

✏️ Partes de una carta

- **Fecha**
- **Saludo** a la persona que va dirigida la carta
- **Desarrollo** que contiene lo que quieres decir
- **Despedida** y **tu nombre**

19 de abril de 2012

Querido Ben:

Estoy en un campamento. Acabo de hacer un tambor. Lo hice con una lata.

Tu amigo,

Jon

Sigue las instrucciones de tu maestro.

_____

- - - - - - - - - - - - - - - - - - -

_____

_____

- - - - - - - - - - - - - - - - - - -

Querido/a _____,

_____

- - - - - - - - - - - - - - - - - - -

_____ .

_____

- - - - - - - - - - - - - - - - - - -

_____ .

_____

- - - - - - - - - - - - - - - - - - -

_____

Tu amigo/a,

_____

- - - - - - - - - - - - - - - - - - -

_____

2 Usa tu plan o haz uno nuevo. Escribe una carta sobre un viaje.

Relato personal: Preparación para la escritura

Un **relato personal** cuenta una historia verdadera sobre el autor. Usa las palabras *yo*, *me* o *mí*.

Partes del relato personal

- Cuenta los sucesos en el orden en que ocurrieron.
- Usa palabras que expresan secuencia en el tiempo, como *primero*, *después*, *pronto* y *luego*.

Primero:

sentados cerca del escenario

Después:

entró el protagonista

Por último:

contentos, aplausos

Sigue las instrucciones de tu maestro.

1

Primero:

Después:

Por último:

2 Usa tu plan para escribir sobre un lugar que hayas visitado.

Relato personal

Un **relato personal** es una historia verdadera sobre algo que tú hiciste.

Partes del relato personal

- Oraciones que cuentan lo que hiciste en secuencia.
- Oraciones que usan palabras como <u>yo</u>, <u>me</u>, <u>mí</u>, <u>nosotros</u> y <u>nos</u>.
- Un final que une las ideas.

Mi familia fue a una obra de teatro. **Primero**, nos sentamos cerca del escenario. **Luego**, el protagonista de la obra salió en escena. Llevaba puesto un enorme sombrero rojo. Cantó muchas canciones graciosas. **Al final**, estábamos contentos. Nos pusimos de pie y hubo muchos aplausos.

Sigue las instrucciones de tu maestro.

1 Fui a un paseo divertido a _____.

Primero, _____

_____

_____

Luego, _____

_____

_____

Al final, _____

_____

_____

2 Usa tu plan. Escribe un relato personal.
Si quieres, escribe sobre lo que hiciste con
tu familia.

Oraciones del cuento

Las **oraciones del cuento** pueden expresar
las palabras exactas que dicen los
personajes. El **diálogo** nos muestra lo
que piensan y sienten los personajes.

Partes de las oraciones de diálogo en un cuento

- Expresan las palabras exactas que dicen los personajes.
- Los personajes son imaginarios.
- El guión largo indica dónde empiezan y terminan de hablar los personajes.

¡Ahí viene el tren!

Zoe miró las vías del tren a lo lejos.

—Ya veo el tren—, exclamó.

El tren se deslizó hasta detenerse en la estación.

—Vamos a dar un paseo en tren

—gritó Sam, el hermano de Zoe.

Sigue las instrucciones de tu maestro.

_____

1 Allie y Jane _____

_____

_____.

_____

—Mira el/la _____

_____

_____, —dijo Allie.

_____

—Es un/una _____, —dijo Jane.

2 Usa tu plan. Escribe oraciones del cuento.

Si quieres, escribe sobre el libro que leíste.

Oraciones del cuento

Las **oraciones del cuento** cuentan lo que dicen y hacen personajes imaginarios.

Partes de las oraciones de un cuento

- Los personajes son imaginarios.
- Los detalles relatan los sucesos en secuencia.
- Verbos vívidos que describen lo que hacen los personajes.

Los gansos

Dos gansos nadaban en el río.

Notaron algunas migas de pan en el agua.

Los gansos se tragaron las migas.

Después de eso, chapotearon hacia su hogar y se quedaron dormidos.

Sigue las instrucciones de tu maestro.

1 Algunos/algunas _____

_____

- -

_____ .

Primero, _____

_____

- -

_____ .

- -

Luego _____ .

2 Usa tu plan. Escribe oraciones
del cuento. Puedes escribir sobre
tu animal preferido.

Resumen del cuento

El **resumen de un cuento** relata lo que sucede en un cuento. Escribes el resumen con tus propias palabras.

Partes del resumen de un cuento

- Las oraciones narran las partes del cuento en el orden en que suceden.
- Las oraciones solamente cuentan las partes más importantes.

Un silbato para Willie

Al comienzo, Pedro quería silbar. **Después**, se esforzó mucho, pero no salía ningún silbido. **Finalmente**, ¡Pedro trató de nuevo y pudo silbar!

Sigue las instrucciones de tu maestro.

1

_____

- - - - - - - - - - - - - - - - - -

_____

_____

- - - - - - - - - - - - - - - - - -

Primero, _____

_____

- - - - - - - - - - - - - - - - - -

_____.

_____

- - - - - - - - - - - - - - - - - -

Luego, _____

_____

- - - - - - - - - - - - - - - - - -

_____.

_____

- - - - - - - - - - - - - - - - - -

Finalmente, _____

_____

- - - - - - - - - - - - - - - - - -

_____.

2 Usa tu plan o haz uno nuevo. Escribe el resumen de un cuento que te guste.

Cuento: Preparación para la escritura

Un **cuento** es un relato inventado. Es producto de la imaginación del autor.

Partes de un cuento

- El comienzo presenta los personajes.
- El desarrollo plantea un problema.
- El final explica cómo los personajes resolvieron el problema.

Personajes	Escenario
2 niñas Jane y Meg	la escuela

Trama
Comienzo: reloj nuevo lo trae a la escuela
Desarrollo: el reloj se pierde (problema) las niñas lo buscan
Final: aparece en una mochila

Sigue las instrucciones de tu maestro.

Personajes	Escenario

Trama

Comienzo:

Desarrollo:

Final:

 Usa tu plan para escribir un cuento nuevo.

Cuento

Un **cuento** narra lo que les sucede a los personajes que aparecen en el cuento.

✏ Partes de un cuento

- Título
- Oraciones que dicen lo que sucede al comienzo, en el desarrollo y al final
- Un problema que los personajes resuelven

El reloj nuevo de Jane

Jane tiene un reloj nuevo. **Primero**, se lo puso para ir a la escuela. **Luego**, el reloj se le perdió. Jane le pidió ayuda a su amiga Meg. **Al final**, Jane y Meg encontraron el reloj. ¡Estaba en la mochila de libros de Jane!

Nombre _____

Sigue las instrucciones de tu maestro.

1
_____

- -

_____

- -

_____

Primero, _____

- -

_____ .

_____

- -

Luego, _____

_____

- -

_____ .

_____

- -

Al final, _____ .

2 Usa tu plan. Escribe un cuento nuevo.

Oraciones de opinión

Las **oraciones de opinión** expresan algo que piensas. Pueden mostrar tus sentimientos firmes acerca de un tema.

Partes de las oraciones de opinión

- Oración temática que expresa tu opinión o lo que piensas.
- Oraciones de detalles que plantean razones para tu opinión.
- Los signos de exclamación muestran que tienes una opinión firme sobre algo.

Básquetbol

¡El básquetbol es mi deporte preferido!

Tienes que correr rápido y jugar rudo en un partido de básquetbol.

¡Te sientes bien cuando anotas algunos puntos para tu equipo!

Sigue las instrucciones de tu maestro.

1 Mi _____

_____

preferido/preferida _____.

_____

Me gusta _____.

_____

Es lo máximo cuando _____

_____

_____.

2 Usa tu plan. Escribe oraciones de opinión. Puedes escribir sobre la actividad que más te gusta hacer.

Oraciones de opinión

Las **oraciones de opinión** plantean algo que tú piensas. Puedes usar la palabra *porque* para explicar tus razones.

Partes de las oraciones de opinión

- La oración temática expresa tu opinión o lo que piensas.
- Las oraciones de detalles exponen razones para tu opinión.
- La palabra *porque* indica que vas a dar una razón.

Mi jardín

¡Me encanta pasar tiempo en mi jardín!

Es divertido porque cavo muchos hoyos.

También se siente bien ayudar a las plantas a crecer.

Sigue las instrucciones de tu maestro.

1 Me gusta _____

_____

_____.

Es divertido _____.

_____

También me gusta _____.

2 Usa tu plan. Escribe oraciones de opinión. Escribe sobre algo que hayas aprendido a hacer.

Oraciones de opinión

Las **oraciones de opinión** expresan lo que tú piensas. Dan razones por las que tienes esa opinión.

Partes de las oraciones de opinión

- La oración temática expresa tu opinión o lo que piensas.
- Las oraciones de detalles exponen las razones de tu opinión.
- Palabras exactas expresan las ideas con claridad.

En el circo

¡Vimos el mejor circo del mundo!

Una parte graciosa fue cuando un montón de payasos salieron saltando de un carro pequeñito.

Me encantó el vestido azul de la bailarina porque era muy brillante.

Sigue las instrucciones de tu maestro.

1 Juntos El zoológico _____

_____

_____ .

Vi _____

_____ .

El/La _____ .

2 Tú Usa tu plan. Escribe oraciones de opinión. Si quieres, escribe sobre el cuento que leíste.

Párrafo de opinión: Preparación para la escritura

Un **párrafo de opinión** es un grupo de oraciones acerca de un sentimiento o creencia.

Partes de un párrafo de opinión

- La oración temática expresa tu opinión o lo que piensas.
- Las oraciones de detalles dan razones y ejemplos.
- La oración de cierre vuelve a plantear tu opinión con otras palabras.

Mi opinión:
Mejor clase: clase de arte

Primera razón:
diversión
Ejemplo:
mezclar colores

Segunda razón:
usar la imaginación
Ejemplo:
pintar dibujos

Sigue las instrucciones de tu maestro.

1

Mi opinión:

Primera razón:

Ejemplo:

Segunda razón:

Ejemplo:

2 Usa tu plan para escribir sobre una opinión que tengas.

Párrafo de opinión

Un **párrafo de opinión** expresa lo que tú piensas.

Partes de un párrafo de opinión

- Una oración temática que expresa tu opinión
- Oraciones de detalles que exponen las razones de tu opinión
- Una conclusión que une las ideas

¡**Creo** que la clase de arte es la mejor! **Una razón** es que es divertido mezclar colores. **Otra razón** es que puedo usar mi imaginación para pintar dibujos. Siempre aprendo mucho en la clase de arte.

Sigue las instrucciones de tu maestro.

1 Pienso que _____

_____

- -

_____.

Una razón es _____

_____

- -

_____.

Otra razón es _____

_____

- -

_____.

2 Usa tu plan. Escribe oraciones para expresar tu opinión.

Preparación para la escritura

Las cinco etapas de la escritura son: preparación para la escritura, hacer un borrador, revisar, corregir y publicar. Esta lección te explica la **preparación para la escritura**.

✎ Partes de la preparación para la escritura

- Haz una lista de ideas sobre temas para escribir.
- Elige el tema que más te guste.
- Llena una red de palabras.

Ideas

- mi visita al zoológico
- carta a la abuela
- poema sobre una ballena

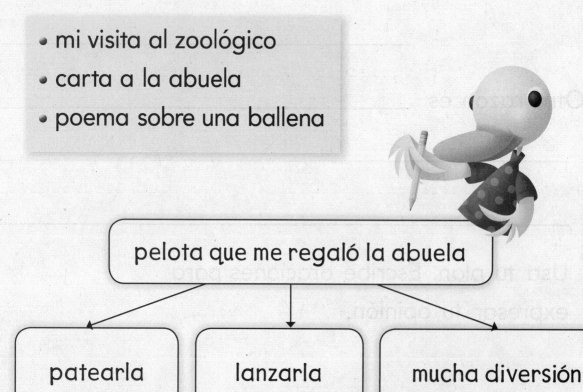

pelota que me regaló la abuela

| patearla | lanzarla | mucha diversión |

Hay otros organizadores gráficos que puedes usar para ordenar tus ideas. Úsalos para planificar tu escritura.

Organigrama

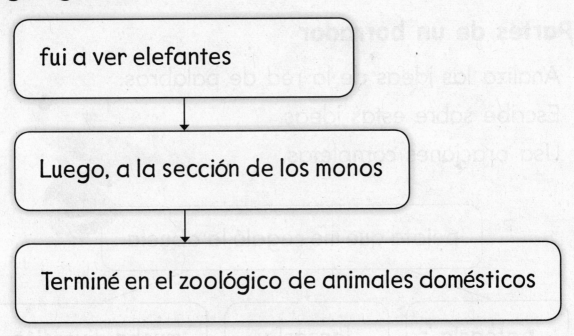

fui a ver elefantes

↓

Luego, a la sección de los monos

↓

Terminé en el zoológico de animales domésticos

Diagrama de Venn para comparar y contrastar

Ballenas
viven en el mar

Ambos
mamíferos

pesan más de una tonelada

Elefantes
viven en la tierra

Hacer un borrador

Cuando **haces un borrador**, usas oraciones completas para escribir lo que has planificado.

Partes de un borrador

- Analiza las ideas de la red de palabras.
- Escribe sobre estas ideas.
- Usa oraciones completas.

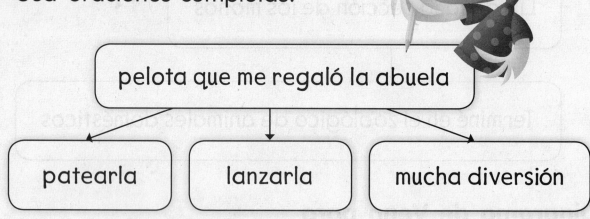

pelota que me regaló la abuela

patearla   lanzarla   mucha diversión

12 de octubre de 2012

Querida abuela:

Gracias por la pelota.

Ahora juego a lanzarla.

Cariños,

Jenny

Así es como Ben usó su plan. Escribió oraciones sobre un libro de su amiga Allie.

Allie me dio un libro.

El libro trata sobre un ratón.

Tiene muchas ilustraciones.

Creo que es gracioso.

Revisar

Cuando **revisas**, cambias tu escritura para mejorarla.

✏ Revisar

- Lee tu borrador. Compártelo con un compañero.
- Pregunta si tu borrador está claro.
- Mejora tu borrador.
- Usa marcas editoriales.

Marcas editoriales

∧ Agregar

ℐ Eliminar

⊙ Poner un punto

12 de octubre de 2012

Querida abuela:

de fútbol
Gracias por la pelota.
Es divertido lanzarla y patearla con mis amigos.
Ahora juego a lanzarla. ℐ
∧

Cariños,

Jenny

Así es como Ben revisó su escritura.

Primero, le leyó su borrador a un amigo.
Luego, escuchó. Su amigo hizo preguntas.
Por último, Ben cambió su borrador. Cambió
palabras y oraciones.

nuevo
Allie me dio un libro.
^

El libro trata sobre un ratón.

divertidas
Tiene ~~muchas~~ ilustraciones.
^

Me reí un montón.
~~Creo que es gracioso.~~
^

Corregir

Cuando **corriges,** arreglas errores que tenga tu borrador.

✎ Partes de la corrección

- Verifica que no haya errores de ortografía.
- Asegúrate de que tus oraciones tengan signos de puntuación.
- Coloca mayúsculas donde corresponda.

15 de marzo de 2012

Querido Arlo:

gracias por el bate de béisbol.

puedo batear muy lejos con ese bate.

Tiene el ideal para mí.

Tu amigo,

Peter

Publicar

Cuando **publicas** tu escrito, lo compartes.
Haces que quede lo mejor posible.

Partes de publicar

- Escribe tu borrador limpio.
- Tal vez quieras agregarle una ilustración o alguna imagen sacada de la computadora.
- Comparte tu trabajo.

Querida abuela:

Gracias por la pelota de fútbol.
Es divertido lanzarla y patearla con mis amigos.

Cariños,

Jenny

Ideas

Antes de escribir, piensa en **ideas.**

✏ Ideas

- Piensa sobre lo que escribirás.
- Haz dibujos, listas o redes.

Escritura narrativa

Escribe sobre ti mismo. Escribe
palabras sobre cosas que has visto.

Campamento

tiendas de campaña

oso

bosque

asustado

el oso huyó

Escritura informativa

Piensa en temas para un informe. Haz una lista de detalles acerca de tu tema.

Cangrejos ermitaños

Viven en conchas marinas que encuentran

diez patas

comen plantas

buenas mascotas

Escritura persuasiva

Piensa en una opinión. Haz una lista de razones.

¡A comer más verduras!

1. vitaminas

2. ayudan a crecer fuerte

3. saben bien

Organización

La **organización** es el orden en que pones tus ideas.

✏ Organización

- Piensa en un buen comienzo.
- Haz un plan.
- Ordena tus ideas.

Escritura narrativa

Cuenta algo que te haya pasado.
Pon tus ideas en el orden en
que sucedieron.

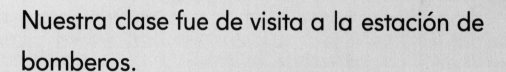

Nuestra clase fue de visita a la estación de bomberos.

Nos subimos al camión de bomberos.

Nos pusimos las botas y los cascos.

Escritura informativa

Escribe una oración temática. Escribe hechos sobre el tema.

El Sol es el centro del sistema solar.

Está cercano a la Tierra.

Nos da calor.

Todos los planetas giran alrededor del Sol.

Escritura persuasiva

Expresa tu opinión. Enumera tus razones. Una manera de hacerlo es poniendo la razón más importante al final.

El béisbol es el mejor deporte.

Los juegos son muy emocionantes.

Es un deporte divertido para jugar y para mirar.

Mi parte favorita es cuando se batea un jonrón.

Voz

La **voz** es cómo expresas tus ideas y sentimientos.

Voz

- Piensa en quién leerá tu escrito.
- Usa tus propias palabras en la escritura.
- Expresa tus sentimientos sobre el tema.
- Agrega palabras que suenen como si te gustara el tema.

Las naranjas jugosas pueden ser dulces.

Me recuerdan los rayos de sol.

Me encanta comer naranjas en el verano.

El jugo pegajoso se escurre entre mis dedos.

Elección de palabras

Cuando **escribas**, piensa en las palabras que usas.

✏️ Elección de palabras

- Usa palabras exactas.
- Usa palabras que describan. Sirven para que el lector se forme una imagen en la mente.

Comparto una tarta <u>tibia</u> con mis amigos.

La cortamos en <u>seis</u> pedazos.

La tarta tiene una base <u>crujiente</u>.

Está rellena de manzanas <u>dulces</u>.

Fluidez de las oraciones

Cuando escribas, usa distintos tipos de oraciones.

✏ Fluidez de las oraciones

- Escribe enunciados y preguntas.
- Haz que tu escrito suene uniforme.
- Usa oraciones largas y cortas.

Nuestra clase fue al acuario. Vimos pingüinos que viven en el hielo. Son lindos. Luego vimos tiburones. ¿Alguna vez has visto dientes de tiburón? ¡Son enormes!

Otras maneras de lograr buena fluidez de las oraciones:

- Agrega palabras de secuencia.
- Haz que tus oraciones sean divertidas de leer.
- Usa enunciados y preguntas.

¿Alguna vez has jugado al escondite? Es mi juego favorito. Necesitas lugares donde esconderte y algunos amigos para jugar. Primero, cierra los ojos. Luego, cuenta hasta diez mientras tus amigos se esconden. Por último, ¡sal a buscar a tus amigos!

Convenciones

Después de escribir, revisa que no haya errores.

✏ Convenciones

- Revisa tu ortografía.
- Verifica el uso de las mayúsculas.
- Revisa los signos de puntuación.

Querida Megan:

Fui a la ~~pizta~~ pista de hielo. ¿~~alguna~~ Alguna vez has

ido? Puedes patinar y también hacer

volteretas.

Tu amiga,
Susana

Sustantivos en singular y plural

Un sustantivo en singular nombra una sola persona o cosa. Un sustantivo en plural nombra más de una persona o cosa y termina en *s*.

Manera incorrecta	Manera correcta
Pusimos todo en caja.	Pusimos todo en <u>cajas</u>.

Oraciones completas

Una oración completa comienza con una letra mayúscula y termina con un punto.

Manera incorrecta	Manera correcta
un día se escapó.	Un día se escapó.

Orden correcto de *yo* en el sujeto

Cuando se usa el pronombre *yo* en un sujeto compuesto, el pronombre va en segundo lugar.

Manera incorrecta	Manera correcta
Yo y Eric nos fuimos a casa.	Eric y yo nos fuimos a casa.

Palabras que describen con *más*

Al comparar, con algunas palabras no se usa *más* sino otra palabra distinta.

Manera incorrecta	Manera correcta
Este camino es más bueno.	Este camino es mejor.
Ayer el equipo jugó más mal.	Ayer el equipo jugó peor.

Usar la computadora

Usa una **computadora** para hallar información sobre tu tema en Internet.

✏ Usar la computadora

- Entra a una página web que tenga información sobre tu tema.
- Toma apuntes que te sirvan para recordar.

Osos polares

- viven en el Ártico

- tienen pelaje blanco grueso

- nadan muy bien

Este es otro ejemplo.

Archivo Editar Ver Favoritos Herramientas Ayuda

Dirección **http://www.---.com**

Conejos

Los conejos son animales pequeños. Tienen colas cortas y orejas largas. Usualmente viven en agujeros. Comen ramitas y césped. ¡A veces se comen las verduras de nuestros jardines!

Conejos

- colas cortas, orejas largas

- viven en agujeros

- comen ramitas, césped y verduras

Cómo investigar

Cuando **investigas**, hallas datos para apoyar tu escritura. Un lugar donde hallar datos son los libros.

✏️ Partes de un libro

- La portada del libro muestra el título o nombre del libro.
- Indica el autor, o la persona que escribió el libro.
- También indica el ilustrador, o la persona que hizo los dibujos.

Portada

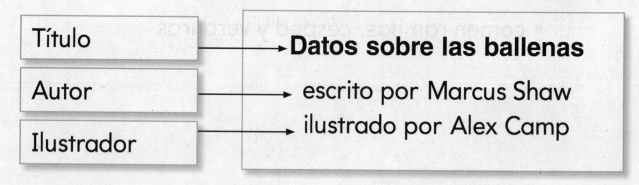

Título	**Datos sobre las ballenas**
Autor	escrito por Marcus Shaw
Ilustrador	ilustrado por Alex Camp

Contenido

Esta página muestra los números de página donde puedes hallar información en un libro.

Índice

Estas páginas muestran temas y números de página. Los temas aparecen en orden alfabético.

Listas de control y pautas de calificación

Usa esta lista para revisar tu escritura. Asegúrate de haber hecho todo lo que indica la lista.

✎ Cómo usar una lista de control

- Lee la lista de control.
- Revisa tu escritura.
- Después de revisar, arregla tu escritura.
- Después de arreglar, vuelve a revisar la lista. Asegúrate de haber corregido todos los errores.

√   Mi escritura se centra en el tema.

√   Mi escritura tiene hechos o detalles.

√   Mi escritura tiene un comienzo y un final.

√   Las ideas están en orden.

√   La ortografía está correcta.

√   Las oraciones y nombres comienzan con mayúsculas.

√   Las oraciones tienen los signos de puntuación correctos.

Índice